창과 창 사이

이 도서의 국립중앙도서관 출판예정도서목록(CIP)은 서지정보유통지원시스템 홈페이지(http://seoji.nl.go.kr)와 국가자료종합목록시스템(http://www.nl.go.kr/kolisnet)에서 이용하실 수 있습니다. (CIP제어번호 : CIP 2020013828)

고요아침 운문정신 026

창과 창 사이

김민정 시조집

고요아침

| 머리말 |

  아홉 번째 시조집을 상재한다. 또 한 권, 시조집을 상재하기 위한 갈등의 시간이 길었다. 삶은 선택의 연속이고, 나는 전진하기로 한다. 77편, 이 시조들이 누군가의 가슴에 닿아 공감의 꽃을 활짝 피우기를 기대하면서…

  실타래
  풀어가듯
  엉긴 나를
  풀어가며

  수도 없이
  일어나는
  생각을
  꿰고 훑쳐

  정수리
  한가운데로
  꽃대 하나
  세운다

―「시작詩作」전문

2020년 봄 몽촌토성에서
宇玄 김민정

| 차례 |

머리말 05

제1부 창과 창 사이

들었다 13
꽃과 나 14
시작詩作 15
소문 16
가방 17
≪?≫ 18
와우정사 19
오롯하다 20
서울 아침 21
알바트로스 22
비등점 23
꽃섶에서 24
암호풀기 25
손님 26
창과 창 사이 27
다시 길에서 28

제2부 수선화와 올빼미

이후以後,	31
여름 한가운데	32
봉정사 풍경風磬	33
네 생각	34
그리움이란	35
수선화와 올빼미	36
모바일 사랑	37
너를 심어	38
마추픽추	39
일회용 굿모닝	40
입동 무렵	41
탈출	42
탑, 앙코르와트	43
첫눈 세레나데	44
빈 그릇	45
풍도의 밤	46

제3부 아버지와 소나무

정라항	49
평창의 꽃	50
평창의 하늘	51
부름켜	52
상고대	53
어둠에 둘러 앉아	54
바람의 언덕	55
스물의 초상	56
아버지와 소나무	57
추억 일 번지	58
숨겨둔 동화	59
깨를 볶다가	60
붉은 여우	61
길에 취하다	62
동서를 잇다	63

제4부 미완未完의 시

마술	67
자목련	68
유채꽃	69
봄의 화신	70
사월	71
고사목	72
이미 봄은	73
개구리	74
우수 아침	75
봄비	76
지금은, 오월	77
예천, 봄 길목	78
별과 눈 맞추고	79
미완未完의 시	80
돌밭맞이	81

제5부 오늘을 관통하다

운해	85
산수화	86
회령포	87
시를 찾다	88
손가락 닿기 전에	89
오늘을 관통하다	90
반구정 아래	91
고지를 꿈꾸다	92
꽃씨를 받으며	93
화폐	94
해남행	95
해남 고구마	96
장군, 길을 나서다	97
그 목소리	98
한길 바라 서 계시네	99

해설_동화론과 화리론에 근거한 표현구조와 기제/ 노창수　100

제 1 부
창과 창 사이

들었다

물소리를 읽겠다고
물가에 앉았다가

물소리를 쓰겠다고
절벽 아래 귀를 열고

사무쳐 와글거리는
내 소리만 들었다

꽃과 나

들숨과 날숨 사이
바람의 갈피에서

내가 피었듯이
순간에 피는 저 꽃,

실바람 오랜 포옹에
한 몸으로 포개진다

시작 詩作

실타래
풀어가듯
엉긴 나를
풀어가며

수도 없이
일어나는
생각을
꿰고 훑쳐

정수리
한가운데로
꽃대 하나
세운다

소문

뼈도 살도 없는데
눈도 귀도 없는데

단단한
콘크리트 뚫고
소리 없이 발도 없이

보란 듯
여기저기서
널뛰기도 하다가

가방

얽히고 설켜 사는
나를 퍽, 닮아 있다

따져보면 꼭, 필요한
버릴 것 하나 없는

정리를 하면 할수록
부피가 더 늘어나는

≪?≫
― 수석시

궁금하다, 저 여인
얼굴이 궁금하다

가채를 살짝 얹은
예사롭지 않은 뒷태

잘록한
허리 아래가
이 밤 몹시 궁금하다

와우정사
― 와불

앉았던 부처님이
완고하게 누우셨다

반감은 눈 팔베개에
가지런한 붉은 장삼

한 쪽 귀 닫으려는가
사바세계 외면하고

무엇을 보시는지
무엇이 보이는지

시끄러운 입 속의 말
단속이나 하라시며

눈 감고 볼 수 있는 것
그걸 찾아 가라신다

오롯하다

수시로 일렁이는 맨 몸의 파도처럼

뱉어논 울음의 씨 자근자근 밟다가,

여울진 물무늬인 양 나도 따라 여울지다

더 없는 고요 속에 꽃으로 오기까지

쓰다듬고 더듬어서 돌의 뼈를 볼 때까지

한 치를 넘지 못하는 그 생각의 안과 밖

서울 아침

비바람 눈보라에 수백 년 할퀸 자국

인수봉 어깨쯤에, 새 한 마리 앉아 있다

바위도 늙어 가냐고

부리 쪼며 말을 건다

어둠을 걷어내며 부챗살을 펴고 있는

장엄한 아침빛이 서울을 품어줄 때

자잘한 세상일들이

그 품에서 다 녹는다

알바트로스

한순간 몸을 들어
금을 긋는 저 날갯짓

마음이 가벼워야
바람을 부리는 법

더 높이
더 멀리 가는
만 리 창공 너의 길

세상 문 가만 열고
봉오리를 피워내는

꽃잎의 붉은 뺨이
두 눈 가득 어렸으리

하늘과
땅을 가르며
제 꿈을 새겨 넣는

비등점

밑동 아래 잔뿌리가
근질거려 움찔대자

나무는 살을 열어
꽃눈 가만 내어 민다

우듬지
이마가 훤한
은사시의 이른 봄날

더운 삶의 질량감을
켜켜이 앉히느라

덧쌓인 발걸음이
조금은 무거워도

오늘이,
어제와 내일
그 경계를 끓고 있다

꽃섶에서

움츠린 세상일들 이제야 불이 붙는,
견고한 물소리도 봄볕에 꺾여 진다
하늘은 시치미 떼고 나 몰라라 앉은 날

산등성 머리맡을 가지런히 헤집으며
내밀한 향기 속을 계절이 오고 있다
느꺼이 꺼내서 닦는, 다 못 그린 풍경화

고요한 길목으로 아득히 길을 내며
봉오리 꿈이 한 채, 그 안에 내가 들면
소슬히 구름꽃 피우고 깨금발로 가는 봄날

암호풀기

한 생을 에두르며 걸어가는 우리 길이

잠자리 날개처럼 투명한 날 일까마는

내 몸에 내장된 칩은 도무지 말이 없다

아시는지, 옹달 하나 고여 있는 내 가슴

살아 온 이야기가 물무늬로 번져 들어

한시도 마르지 않는 그리움만 솟아나는

꽃잎 다 버려야만 열매가 달리듯이

꽃 피는 순간만큼 지는 일도 소중한 것

영글어 떨어진 열매, 품어 안고 갈 일이다

손님

누구의 입김으로 창밖이 흐려지나

그 누구 발자국이 가슴을 찍고 있나

나 몰래 다녀가시는 까무룩한 새 그림자

예고도 없이 벌컥, 문을 열고 들어서는

낯선 별조각이 이마에 부딪힐 때

혼곤한 어둠을 접듯 늦저녁의 새 울음

가지 끝 동박새가 목을 자꾸 갸웃댄다

고즈넉이 젖은 뜰에 홀로 환한 저 매화꽃

목청을 가라앉히며 제 부리를 묻는 새

창과 창 사이

머무는 것은 없다 시시각각 변한다
알면서도 사랑하고 알면서도 흔들리는
어쩌다
눈을 피해도
속내를 들켜버린

카페 유리문에 옆모습을 다 드러낸
한 여자의 긴 머리가 미세하게 흔들린다
누구를
기다리는 듯
양볼 더러 붉어지는

강물이 소리없이 다가왔다 멀어지고
빛나는 눈썹 위로 아슬히, 푸른 이마
한동안
마주보다가
그만 서로 무색해진

다시 길에서

들끓는 햇살들의 한여름 대낮처럼

빛을 건넌 그림자가 오래도록 선명하다

안과 밖 나의 경계가 까닭없이 흔들린다

내 생을 끌고 가는 그것은 무엇일까

금강 같은 신념인가 구름 같은 약속인가

생각이 생각을 안고 한참을 망설였다

제2부

수선화와 올빼미

이후以後,

낮은 곳만 찾아들어
흘러가는 물줄기로

엎드린 하늘빛을
한가득 품습니다

수줍음 여미어가며
발자국 세어 가며,

여름 한가운데

한 겹 이불에도
훅훅, 대는 이 열기들

갈비뼈 사이사이
샛강이 흐르는지

더위를 참는다는 말,
두 번 다시 못 하겠다

봉정사 풍경 風磬

그 환한
기다림 끝
차마고도 푸른 달빛

명징한
울음으로
그대 가슴 울려 볼까

처마 밑
배흘림기둥
그 품안에 들어볼까

네 생각

술 취한 아지랑이
빛살의 군무 속에

심호흡도 다 못 끝낸
봄산이 엎어진다

벼랑 끝 걸터앉아서
배시시 웃는 낮달

그리움이란

소나무 두 그루가
비스듬히 바라보다

곁 기댄 마음 밭에
너울너울 다가와서

마침내 소나무 두 그루가
이마까지 맞댄 것

수선화와 올빼미

밤눈이 유독 밝아 그냥, 본 것 뿐이지요

물 위에 비쳐 뵈는 제 모습에 빠진 채로

노랗게 하늘거리며 눈발 속에 피는 당신

세상 모든 일은 제 일이 아니라며

내가 나를 사랑하는데 무엇이 문제냐며

늦도록 잠 못드는 나, 거들떠도 안 보네요

모바일 사랑

손쉽게 누를 수 있는 액정화면 속에서만

널 보고, 널 만나고, 접속하는 이 밀실

바람은 뼈가 없어도 그리움을 꺾는다

불꽃 튀는 접속처럼 또 가볍게 헤어지고

내 몸 가득 흐르는 쓸쓸한 피돌기여

배터리 용량만큼은 저 초록도 싱그럽다

너를 심어

꽃잎 지자 푸르러진 벚나무가 길을 낸다
허공에 팔 벌리고 심호흡 하는 모양
나무도
영혼이 있어
바람 앞에 숙연하다

내 안에 너를 심어 두고두고 보고 싶다
땡볕에 목마를까 물도 흠뻑 적셔 두고
밤이면
달그림자로
너를 감싸 재우고

마추픽추

신들의 춤사위가 지축을 흔들 동안

별들의 발자국이 여기저기 찍혀지고

아득한 신비의 골목, 가던 봄도 돌아오는

하늘을 뚫을 듯이 봉우리는 솟아올라

바라보는 것만으로 벅차던 성전의 힘

구름이 둘러 있어서 상상조차 못한 도시

일회용 굿모닝

지하철 전동문 앞
흰 꽃들이 만개했다

눈만 빼꼼하게
목련송이 저 마스크

할 말이 너무 많아서
무언 시위 중이다

정류장에 설 때마다
움찟대며 보는 눈치

땅속으로 들어와도
피할 수는 없다는데

더 이상 어쩔 수 없어
입을 틀어 막는다

입동 무렵

머리부터 발끝까지 제 그림자 지운다

온몸으로 느껴보는 저만치 산의 숨결

거룩한 부활을 꿈꾸는 발걸음이 눈부시다

짙어진 갈색으로 불타는 단풍빛으로

그들이 전하는 말 낱낱이 새겨 가며

엄전한 경전의 길로 나도 가만 걸어간다

끝도 시작도 없는 윤회 속을 돌아 나온

섬돌 아래 풀벌레도 동안거에 드셨구나

초겨울 둥근 물소리 가을볕을 안고 간다

탈출

겨우내 웅크리고
참고 또 기다렸어

흙덩이가 바실바실
몸 틀기를 기다렸어

정수리
힘을 꽉, 주고
오늘을 기다렸어

한 며칠 뜬 눈으로
잠까지 설쳐가며

드디어 떡잎 두 장
쏘옥, 밀어냈지

세상에
명함 내밀고
방긋, 웃는 패랭이

탑, 앙코르와트

다섯 개 탑이 솟은 내 전생前生의 길목에서
정성껏 다섯 손가락 펼쳐드는 나를 본다
수미산 정상에 서서 눈 맑히며 길을 묻는

탑 끝마다 걸려있는 끝 모를 우리 욕망
돌탑 속에 피는 이끼 순간의 전언傳言 속에
서쪽을 향한 문 너머 노을자락 펄럭인다

영광의 그림자로 오늘을 덮고 사는
파파야 나무그늘 바람에 흔들리고
하얗게 이를 드러낸 앙코르가 웃고 있다

첫눈 세레나데

어깨 위에 내려앉는 깃털의 이 가벼움

잼잼잼 오므렸다, 다시 펴고 잼잼잼

가깝게 스며들수록 한 뼘씩 멀어집니다

흩날리다, 비껴가다 함박눈이 쌓입니다

지나온 길의 흔적 다 덮어 주겠다고

자꾸만 따라오면서 발자국을 지우면서

그러다 꺼내보는 숨겨둔 그 얼굴이

한 방울 눈물로도 금세 녹아 내릴 듯이

내 눈 속 그렁그렁한 눈부처가 됩니다

빈 그릇

무엇을 담을 것인가
다시 또 이 그릇에

물결이 밀려오면
그만큼 밀려가듯

우리 생
기쁨과 슬픔
그렇게 오고가지

모두가 비었다고
허전할 일도 없고

지금 가득 채웠다고
흐뭇한 일도 아닌

언제나
너는 그렇게
비어 있어 가뿐하다

풍도의 밤

불 지핀 아궁이듯 저녁놀이 번져갈 때

팽팽한 기억 위로 하루해가 길게 눕자

졸음에 겨운 등대는 그제야 눈을 뜬다

낯익은 북두칠성 머리 위를 비췰 때면

하얀 목뼈 드러내며 샛별도 따라오고

입시울 타는 시간들 열사흘 달이 된다

등대 가린 밤안개에 마음이 먼저 젖어

돌아갈 고향도 잊고 갈길 조차 그저 잊고

사랑도 섬에 갇힌다 온 하늘이 불콰하다

제3부
아버지와 소나무

정라항

삼척 해변 노을빛이
가슴으로 스미는 밤

바다와 시詩 서로 만나
라일락 향기 되었나

젊은 날 아련한 불빛
섬이 되어 떠 있다

평창의 꽃
— 컬링

영미, 영미, 영미~이이
빙판을 울린 이름

컬링의 불모지에
피어난 꽃송이들

눈빛에 가득한 열정,
마른 침의 금메달!

평창의 하늘
― 스노우보드

한 입씩 깨물어 문
다짐을 보여주듯

하늘을 돌리다가
내려오는 원심력

핫핫한 겨울햇살이
얼음꽃에 꽂힌다

부름켜

마치 별이 내려온 듯
여름날 반딧불이

하나 둘 품어 안아
호박꽃에 넣곤 했다

지금도 눈을 감으면
한 눈금씩 키가 크던

상고대

태백산 줄기 따라
얼음꽃이 피어 있다

잎새만큼 가지만큼
정직하게 드러낸 채

겨울이 떠나지 않고
사진들을 찍고 있다

어둠에 둘러 앉아

석봉과 어머니가 마주 앉은 그 가을밤

썰은 떡은 똑 고른데 글씨는 삐뚤빼뚤

자식을 보내는 어머니, 어둠보다 깊은 맘

바람의 언덕

매봉산 어깻죽지
휘돌아 올라가면

풍력발전 날개 셋이
영차영차 돌아간다

하늘도 쉬어가라고
활짝 펼친 저 돗자리

낮달의 격려 속에
제 몸피 키워 가며

고랭지 배추순이
푸르게 올라올 때면

바람이 몰려와 웃는 걸
몰래 본적, 나 있다

스물의 초상

스물 몇을 지나올 때
긴 머리가 이고 있던

젊어서 아름다운
그때쯤의 해와 달이

돌 속에
들어앉았다
나 잠시, 눈부시다

어지간히 꽃도 피고
그리움도 피었으리

수밀도 피부결이
살갑게 느껴질 때

시간을
거슬러가며
한 번 더 더듬는다

아버지와 소나무

그때부터 동행이다
파릇이 물오른 봄

솔잎이 돋아날 때
눈을 들어 읽은 말씀

왔구나, 막내딸 왔구나,
바람이 쓰는 편지

계절을 먼저 알아
여행길에 오르셨던

아버지 한 생애가
뿌리로 굵어질 때

하늘엔 두견 한 마리
머리 위를 빙―돈다

추억 일 번지

모든 그리운 것은 보내지 못하는가

빗방울이 솔잎가지 후두둑, 적시는 날

기차는 스위치백으로 산허리를 감아든다

수국 피듯 탐스럽게 증기를 뿜어내며

어린 날의 갈래머리 리본처럼 나풀대며

심포리, 메아리 되어 나는 늘 돌아온다

숨겨둔 동화

머리카락 내비치며 유년 뜰에 숨어사는
열두 살 운동장에 재재대던 어린 새떼
지금은 어떤 모습으로 둥지를 틀었을까

별빛 닮은 개똥벌레 등불로 밝혀들고
봉숭아 꽃물들인 손톱을 내보이며
여름밤 풀벌레 울음에 등 기대고 잠든 우리

어느 먼 기슭에서 부르는 누가 있어
살며시 돌아보면 보고픈 얼굴 몇 몇
가을이 그 때의 웃음을 열매처럼 달아준다

깨를 볶다가

고향에서 부쳐온
참깨 한 봉지를

돌과 뉘를 고른 후에
물을 부어 씻어본다

물기가
촉촉이 밴 몸
홀쭉하고 납작하다

달궈서 뜨거워진
큰 냄비에 쏟아놓자

토도록, 살이 올라
고소함이 가득하다

시혼詩魂도
저리 볶으면,
통통하게 살 오를까

붉은 여우

영동선 철길 건너 아카시아 꽃잎까지
내 고향 대바위산 오장육부 타고 있다
무섭게
해풍을 타고
번져오는 불길 앞

불구덩이 입안으로 날름대는 저 혓바닥
이리 뛰고 저리 뛰는 선거판 이간질에
홀려도
단단히 홀려
손 못 쓰는 지금이다

고집 센 심보 가득 뱉어 낸 거짓말에
주워 담지 못할 만큼 쏟아진 욕설들이
한반도
백두대간의
등줄기를 후린다

길에 취하다

나란히 우산 속에 솔향수목원 가는 길은
길가의 푸른 솔잎 손 흔들며 환호하고
개울가 징검다리도
넌출넌출 흥이 돈다

해변 옆 펼쳐지는 기찻길과 자동차길
파도 높은 옥계바다 가슴 열고 바라보다
팔십 년 전통이라는
초당두부 늦은 입맛

매콤하게 얼큰하게 마음은 소박하게
파도에 밀려오는 청강들을 줍는 동안
창 너머 나를 부르는
커피콩 볶는 향기

동서를 잇다

사임당의 정신으로 율곡의 발자취로
서해에서 동해까지 한반도를 이어주는
변화의 큰 바람으로 당신을 모십니다

파도가 키를 높여 수평선을 넘나들고
푸른 초원 삼양목장 따끈한 초당두부
정겨운 연인 손길로 그립게 손짓합니다

천년 고찰 전나무숲길 정동진 바다부채길
눈길 주는 곳마다 마음 먼저 달려가고
눈 쌓인 겨울왕국은 여러분의 것입니다

평창역 강릉역은 꿈의 소원 동계올림픽
민족혼의 맥을 잇는 서울강릉 고속철도
한 번 더 발돋움하는 한반도 핏줄입니다

제4부
미완未完의 시

마술

팽팽히 잘 조여진
시계태엽 같은 봄이

목련 봉오리에
시간을 풀고 있다

그러자
흰 나비떼가
날개 활짝 펼쳐든다

자목련

사십 촉 전구알을
환히 내민 꽃봉오리

어느 봄을 밝히려고
자오록이 앉은 걸까

한밤중 어둠을 물리고
낙목한천 꽃등 켜든

유채꽃

햇살과 바람으로
찰랑찰랑 씻어 올린

미세한 표정으로
봄을 건너 오고 있다

하늘이 조금씩 열린다 아롱아롱 저 얼굴!

봄의 화신

바람이 손 내미는
모퉁이를 돌아서면

꽃봉오리 토옥, 버는
삼월의 고요 속에

나는 또 오고가는가,
시간을 멈춰놓고

사월

멀리서 바라보니
커다란 꽃무더기

봄산에 벚꽃 피어
가지마다 터질 듯이

지나간 젊은 사랑도
저렇듯 부풀었으리

고사목

죽어도 살아 있는
나무를 아시는가

능소화 푸른 줄기
빗물에 몸을 씻고

처연히
감아 올라간
그 여름날
수채화

이미 봄은

기다리는 자에게는 일찍부터 닿아 있다

싸아하게 짜릿하게 톡톡 튀며 오는 봄이

두꺼운 겨울 외투의 단추를 풀고 있다

밑동부터 피가 돌아 봄버들은 가려운 지

줄기를 출렁이며 어깨춤이 한창이다

바람도 가속도 붙어 페달 힘껏 밟는다

개구리

바다를 가로 지른
그 새벽 탐석길에

잔설 녹아 윤이 나는
마을 어귀 돌담 너머

말똥히
눈알 굴리며
저 녀석이 납셨다

뱃길 따라 생긴 물띠
아늑하게 번져들고

치자빛 아침놀이
먼데서 바라보자

사방에
초록물 입히며,
제 몸 다시 숨긴다

우수 아침

초록잎 웃음소리
봄비를 간질인다

팍팍하고 냉랭한 것
어르고 다독이듯

마른 땅
뜨거운 입맞춤
열렬하게 한편이다

맞닿은 끝과 끝이
하나로 이어지듯

물어 올린 생각 모두
수긋하고 촉촉하다

내 앞에
휘모리장단
봄을 안아 아늑하다

봄비

얼얼하고 알싸하게 귓바퀴를 적실 동안

제 기운 보란 듯이 꽃샘바람 들며난다

촉촉이
머금은 봉오리
질세라 앙다문다

바람과 물의 혀가 너를 핥고 가는 길목

어지러이 엎어지며 꽃물 풀물 토하더니

한 생각
젖을 듯 말듯
보슬비가 내린다

지금은, 오월

솜사탕 구름들이 산등성을 덮는 동안

수천의 초록물결 눈앞으로 밀려온다

나뭇잎 바람에 놀라 어깨를 들썩인다

온 몸을 감싸 도는 짜릿한 아카시 향

피뢰침 꽂히듯이 네 생각에 화들짝!

풍경이 너울거린다, 하늘 한 필 받쳐든다

예천, 봄 길목

성당에서 들려오는
색소폰 연주소리

그것도 유행가를
구수하게 뽑아낸다

햇살 속
퍼져나가는
"콩밭 매는 아낙네야…"

탱자나무 울타리를
쉽게도 넘어오는

설마 신부님이?
마냥 궁금하여

초록도
짙어지면서
귀를 모아 듣는다

별과 눈 맞추고

밤 깊은 오월하늘 북극성, 북두칠성…
이제는 아득해진 별자리 이름들이
별똥별
긋고 지나는
내가슴에 들어찬다

어둠조차 팽팽해진 산골의 바람소리
이렇게 언덕에서 별들을 우러르면
어머니*
별에 붙인 이름
옛시인이 떠오른다

지상은 초록잔치 천상은 별꽃잔치
아이들이 피워놓은 모닥불도 사위어가
저 별들
입술에 묻은
고요를 털고 있다

* 윤동주의 '별 헤는 밤'.

미완未完의 시

때로는 잔잔하게 가끔은 급물살로

이완과 긴장 사이 수도 없이 오고가다

마침내 종착점 닿는 우리들의 사랑 같은

네 마음과 내 마음을 한 조각씩 포갰을 때

한 치의 오차 없이 그려지는 그 순간이

빛나는 합일合一이리라, 불가분不可分의 힘이리

절반의 생각 속에 그 절반의 행위 속에

웃음에 스며드는 눈물이 일렁일 때

발꿈치 다시 들고서 한 걸음씩 내딛는다

돌밭맞이

금 가고 모가 나서 보기엔 어색해도
내 눈 밝게 열어주고 서늘히 씻어주는
정형을 튀어나온 돌 해돋이를 하고 있다

고요조차 숨죽일 때 꽃은 피어나듯
새벽에 눈을 뜨는 저 돌의 푸른 그늘
단단히 뼈를 세웠다 새아침 강기슭에

금실로 총총 엮은 햇살을 고이 받아
파격에 길들여진 주름도 넉넉하게
제 안에 꿈틀거리는 산을 하나 이뤘다

하늘도 입석처럼 위엄이 서려 있다
기척 없이 종적 없이 바람이 들고 날 때
그 사이 패인 골짝을 흉내낼 이 누군가

제 **5** 부

오늘을 관통하다

운해

구름이 서로 모여
부끄럽다 가려준다

나목과 저 골짜기,
못다 지운 절벽까지

가슴팍 엷게 펴가며
온 산을 다 덮는다

산수화

나무도 바위들도
골짜기도 개울물도

모두 좋다 받아들인
부처님 품속 있다

점점이 흐르던 구름도
불러와서 안아 주는

회령포

뱅뱅 감아 도는 고요를 삼키는 곳

뽕뽕다리 건너가자 표지석이 안겨든다

잽싸게 물비늘 사이로 가던 봄이 반짝인다

시를 찾다

가부좌를 틀고 앉은
만물들이 꿈틀해도

안대를 착용한 듯
한낮도 어둠일 때

꽃불이
번지는 들녘
볼 수 없다, 이 봄날

손가락 닿기 전에

지그시 감은 눈에
열려오는 피안의 숲

손가락 닿기 전에
바람이 먼저 앉아

탄금대 우륵의 가야금
열두 줄을 고른다

오늘을 관통하다
— 허준 묘소에서

밤보다 더 어두운 절망의 한계를 넘어

고통과 아픔 모두 내 몸처럼 받아 안고

심의心醫로 거듭나는 길, 그 얼마나 멀었으랴

비무장 지대 안에 호젓하게 누웠지만

한 치의 굽힘 없던 살아생전 그 용기가

한줄기 서늘한 바람으로 관통한다, 오늘을!

반구정 아래

이울 대로 이운 가을 다시 찾아 왔습니다

임진강가 갈대들도 제 머리가 무거운지

뻣뻣한 고갤 숙이며 옛 생각에 잠깁니다

너도 옳다, 너도 옳다, 편 가르지 않았으니

어찌 보면 우유부단, 손가락질 당했을 법

조금 더 높은 곳 바라 끌어안은 맘입니다

고지를 꿈꾸다
― 암벽 등반

산이 나를 불러 응답으로 올라갔지
그렇게 올라가니 품을 한껏 열어주데
또 다시 로프를 풀고 풀린 만큼 꿈을 매고

하루해 잴 수 없어 발돋움해 우러르며
하얗게 되쏘이는 석양을 등에 업고
모른 채 저물어 갈 때 암벽이 손 내민다

의식이 빠져 나간 몸을 문득 돌아본다
그 곳을 응시한 채 들숨 깊이 마시며
창공을 차고 오르는 독수리다, 지금 나는!

꽃씨를 받으며

이효석 문학관 옆 물레방아 휴게소에
꽃씨를 봉긋 내민 코스모스 가득하다
한 철을 살아온 흔적 까맣게 맺혀 있다

학교 화단 빈 공터에 꿈밭을 만들어서
내후년 가을쯤은 그 곁에 나도 앉아
발자취 더듬어 가며 내 알곡도 추려볼까

아슬아슬 피어나도 뜻 있는 곳 길 있으리
십리 바람길에 쏟아지는 햇살 따라
육탈한 불씨 모시듯 꽃씨를 받는 오후

화폐

한 번도 가보지 못한
먼 나라 아프리카

지폐마다 가득하게
한 사람이 웃고 있다

옥살이 수 십 년에도
빛을 잃지 않은 눈빛

얼룩진 역사 위에
깃발로 펄럭이는

차별이 분열 낳는
세상을 바꾸려고

그 이름 넬슨 만델라
'자유 향한 먼 여정'*

* 넬슨 만델라 자서전.

해남행

태풍이 지나가는 해남읍내 '영일만집'
그 옛날 그날처럼 어김없이 밤은 깊고
다늦은 저녁상 위에 올려진 삼치삼합

오고가는 정담들이 해남배추 꼭, 닮았다
노랗게 꽉 찬 속살 알싸하고 고소하게
긴 여운 짧은 만남이 빗줄기로 지나간다

처마 밑 단청 아래 낯익은 화살나무
꽃과 잎 피우느라 모진 산통 겪었으리
적막한 발등 아래로 가진 것을 다 흩는다

언제나 추억이란 안단테로 돌아온다
불그레한 기억들이 더 붉게 물이 드는
가을이 소리 소문 없이 한가운데 앉았다

해남 고구마

택배로 방금 받은
고구마 한 상자에

반가운 궁금증이
활짝, 피는 오후

정겨운 그 사람 손길
알알이 안겨 든다

초이렛달 내려보는
베란다 모퉁이에

반듯하게 자리 잡고
고향생각 하는 듯이

달 속에 넉넉한 얼굴로
가만 웃는 그 사람

장군, 길을 나서다

바람 앞에 더 외로워 빈 들녘에 홀로 선 그

두려움에 떠는 병사, 낙심한 임금 앞에

긴 장계 올린 그 심정 하늘은 알았을까

바다도 피가 끓는 울돌목 소용돌이

살피고 알아듣는 청명淸明한 눈귀 있어

깃발을 치켜세우고 이순신, 앞장서다

코 베이고 귀 떼이며 짓밟히는 민초 앞에

어둠의 장막 걷어 수평선에 걸쳐 놓고

굴절된 시간을 멈춰 거북선을 띄운다

그 목소리
— 정완영 탄신 100주년 추모시

"김민정을 난 아는데, 김민정은 나를 몰라!"
살갑게 찾아가서 안부인사 못하는 나
그래서 섭섭하셨나 귀에 걸린 그 목소리

학창시절 품어 읽던 '조국'의 가얏고가
둥기둥 줄이 울어 이 여름 비는 오고
절절한 고향하늘을 어찌 두고 가셨을까

설익은 열무 같은 작품을 다독 거려
시조단에 뽑아주신 그 은혜 넘치는데
아직도 미망의 걸음 자박대고 있는 저녁

한길 바라 서 계시네
― 유성규 박사님 구순 축시

하늘과 땅의 경계 음수율과 음보율로
반듯하게, 낭창하게 걸어오신 아흔 해를
바람이 받쳐 안느라 가을 사뭇 높아지네

너저분한 잡풀들은 깔끔하게 뽑아내고
시조 삼장 정형의 틀 그처럼만 살아가라
칼칼한 성품 그대로 시조탑을 쌓으셨네

평생을 걸어오신 〈시조생활〉 길목으로
가끔은 바람 불고 소나기 지나가도
우람히 굽힘도 없이 한길 바라 서 계시네

■해설

동화론同話論과 화리론話離論에 근거한 표현구조와 기제機制

노창수
시인 · 문학평론가

1. 들어가는 말

시의 대상이 '장면'이냐 '일'이냐에 따라 화자가 지향하는 태도는 다르게 나타난다. 또한 내용이 객관적 사실의 진술이냐 주관적 감정의 표현이냐에 따라 시의 유형이 가름되기도 한다. 물론 시조도 '묘사(장면)'와 '서술(일)'이라는 '표현'(진술)에 따라 작품의 특징이 현현顯現된다. 하므로 시조쓰기에 화자 설정은 그를 자유롭게 하거나, 반대로 구속하는 조건이 되기도 한다.

시를 쓸 때의 고민은, 현실과 문장이 같아야 한다거나 아니면 서로 다를 수밖에 없다는 두 개의 메커니즘이 작용하므로 시인의 입장을 망설이게 한다. 독자는, 시인의 생각 추가 닿는 곳, 즉 대상의 가변성에 의해 어떤 하나를 선택 · 지지하며 작품에 접속한다. 시인은, '내 이야기'를 '내'가 한 것처럼 쓸 것인가, 아니면 '내 이야기'를 '남의 이야기'처럼 쓸 것인가 하는 고민을 하게 된다. 나를 '나'처럼 이야기하거나 '남'처럼 이야기하거나에 그냥 무관심할 수도 있겠지만, 자기 이야기를 함에도 '나-남'처럼 쓰는 게 작품이다. 우리의 언어로 이렇듯 '나·남' 간의 소통을 하려면 말의 상상화想像話·추상화抽象話가 필요하다.[1]

이때 현실과 문장이 같아야 한다는 것은 이른바 '문체의 동화론同話論'이고, 현실과 문장은 반드시 달라야 한다는 것은 '문체의 화리론話離論'이다. 즉 '동화'란 현실과 같은 화자이고, '화리'란 현실과 다른 화자이겠다. 다시 말해 자신이 전적으로 문면文面의 화자로 나서서 말하는 방법이 있는가 하면, 자신은 뒤에 숨고 그럴 듯한 퍼소나를 앞세워 연출하는 방법도 있다.

이런 시각으로 김민정 시인의 작품 가운데 '동화론'과 '화리론'이 분명한 몇 작품을 골라 이 평설의 마당에 볕을 쪼이고자 한다.

2. 시인 개관과 논의의 방향

그동안 김민정 시인의 작품집에 수록된 발문들을 검토해 보니, 대저 네 가지 면을 다루었다. (1)'순수와 화해의 시학'(『지상의 꿈』, 고요아침, 2005), (2)'열정과 긍정의 미학'(『사랑하고 싶던 날』, 알토란, 2006), (3)'시원始原의 시간으로 통하는 길 위의 시'(『백악기 붉은 기침』, 고요아침, 2014), (4)'사랑과 기억의 깊이를 노래하는 순간의 미학'(『바다열차』, 책만드는집, 2016) 등

---

[1] 노암·참스키, 김영기 역, 「언어와 무의식적 지식」, ≪문학사상≫ 1979년 10월호, p.56 참조. 인간의 언어는 애매한 것으로 언어학적 개념으로는 잘 정의되지 않는다. 오히려 추상과 상상의 환경에서 언어가 생체성의 의미를 획득하는 수가 있다.

이다. 동원된 언어를 보니 '순수', '열정', '화해', '긍정', '사랑', '서정', '미학' 등 대체로 대상과 사물에 대한 긍정과 사랑, 서정의 미학을 이야기한다. 그만큼 시인의 온정적 사랑과 열정적인 삶을 반영하는 단어들이겠다. 하지만 시인의 외형적 서정을 보는 일에 치우친 감도 있다. 그래서, 정작 창작 배경이 된 화자와 대상의 심리기제, 그리고 작품의 행간에 있는 내밀구조를 놓쳤다는 생각에서 필자 나름의 평설 방향을 생각하게 되었다.

이제 그의 시조를 보는 눈은 작품을 천착한 후, 심리동인적 心理動因的 기술이 되어야 한다는 인식을 갖는다. 그게 이 필을 들게 된 동기이다. 그러니까 지금까지 다루어온 순수서정시 논의와는 다른 시각에서, 문체의 '동화'와 '화리'의 방향, 그리고 화자의 심상저변에 깔린 내면적 구조, 나아가 그런 시학을 보이는 단계화된 심리변화의 양상들을 살피는데 이 평설의 주안점을 두고자 한다.

김민정 시인은 '나래시조문학회' 회장으로 일한 바 있으며, '시조문학진흥회' 부이사장, '한국여성시조문학회' 회장 등을 역임했다. 현재는 '한국문협 시조분과' 회장이면서, 현직 국어교사이다. 그는 성균관대학교 대학원 졸업 이후, 대학 강단과 군부대에서 시조 강의 및 시조 소개를 한 활약 또한 두드러진다. 이렇듯 다양한 역할을 하면서도 시조관련 문학행사와 작품발표, 세미나 등에 빠짐없이 참여하는 '마당발'이기도 하다. 그는 1985년 등단 이후, 모두 8권의 시조집, 그리고 저서로 2권의 시조연구와 2권의 시조평설집을 간행한 바 있다.

3. 겸허·온유한 시조를 위한 질서화와 그 고구考究

'겸허, 겸손, 겸애' 등의 '겸謙'자 돌림은 김민정 시인에게 붙일 수 있는 바, 스스로 낮은 자세를 견지하여 파생된 닉네임이다. 이러한 정신 가짐은 작품에서도 자주 확인되는데, 겸허·겸애적 표현이 전 작품의 1/5을 차지할 정도로 많다. 그의 시조에는 외형적 겸손함 보다는 내적 심리구조에 더욱 겸허·겸애 정신을 드러냄으로서 시적 대상과 화자를 유기적으로 탄탄하게 하기도 한다.

우선 겸허·겸애를 동반한 그의 내면은 시적 대상으로부터 순수한 시심을 유도해내고 이를 변주해 보인다. 시인은 이런 시스템을 2005년의 시집 『지상의 꿈』 이후부터 이미 자신의 틀로 구축한 듯하다. 이 시기의 작품에서 이른바 겸손·겸애적 내용구성의 한 틀을 시도하고 있기 때문이다. 이제, 그의 겸허·겸애의 정서가 작품을 어떻게 질서화 하는지 다음 작품들을 살피며 좇아가 보기로 한다.

물소리를 읽겠다고
물가에 앉았다가

물소리를 쓰겠다고
절벽 아래 귀를 열고

사무쳐 와글거리는
내 소리만 들었다

—「들었다」 전문

이 작품은 「들었다」는 제목에 "와글거리는 내 소리만"이란 내면적 한계限界로 결구結構한다. 이게 그의 한 특징으로 "~소리만"과 같은 '자아 좁히기'의 겸허·겸애 현상을 그린다.2) 시적 대상과 화자 사이의 이런 겸허·겸애의 위상은 이외 여러 작품에서 찾아 볼 수 있다. 예컨대, 「반구정 아래」("조금 더 높은 곳 바라 끌어안은 맘입니다"), 「수선화와 올빼미」("늦도록 잠 못드는 나, 거들떠도 안 보네요"), 「이후,」("수줍음 여미어가며 발자국 세어가며"), 「꽃섶에서」("소슬히 구름꽃 피우고 깨금발로 가는 봄날") 등에서 그렇다.

 「들었다」는 일견, '메타시조'로도 읽을 수 있다. 자신의 시적 태도로 "물소리"를 "읽고" "쓰겠다"는 다짐을 하는 까닭이다. 그는 "절벽 아래"로 가 "귀를 열었지만", 정작 "내 소리만" 듣고 온 일을 생각한다. 해서, 필자는 자신의 창작 태도를 반성하는 '메타시조'라고 본다. 하지만 이는 겉에 드러난 창작의 반추일 뿐이다. 그 안에는 "내 소리", 즉 내심은 "물소리"를 듣지 못한데 대한 안타까운 현실을 역시 겸손해하듯 말하는 데 있다. 작품은 3단 구성으로 즉 [물소리-읽기], [물소리-쓰기], [물소리-듣기]로 연속되어 있다. 이는 국어과의 '표현·이해 과정'에서 가장 기초적인 [읽기, 쓰기, 듣기]의 기능 영역을 시조에 함의한 경우로도 볼 수 있다.

---

2) 여기서 '겸허·겸애 현상을 그린다'와 '겸허·겸애의 입장을 취한다'라고 말하는 데는 차이가 있다. 전자는 시인의 자연발생적 사고에서 나온 진술이고, 후자는 다소 작위적인, 그래서 진술자가 객관적으로 보는 바를 말한다. 하지만 김민정 시인의 겸허·겸애는 이미 몸에 밴 현상으로 보아 '~현상을 그린다'라고 한 것이다. 그게 스스럼없이 그냥 솟아나오는 것으로 보는 이유에서이다.

다음 작품도 마찬가지의 겸허·겸애의 서정을 기본으로 다룬다. 그래, 자아의 내면에 자리한 '수석 다듬기'를 통해, "오롯하다"란 그 수석 앞의 겸허가 사유하는 과정에 깊이 작용한다.

> 수시로 일렁이는 맨 몸의 파도처럼
> 뱉어 논 울음의 씨 자근자근 밟다가,
> 여울진 물무늬인양 나도 따라 여울지다
>
> 더 없는 고요 속에 꽃으로 오기까지
> 쓰다듬고 더듬어서 돌의 뼈를 볼 때까지
> 한 치를 넘지 못하는 그 생각의 안과 밖
>   ―「오롯하다」 전문

필자가 알기로, '수석'은 김민정 시인의 오랜 취미생활을 넘어 명실 공히 전문가 수준에 이르렀다고까지 본다. 하면, 맞는지 모르겠다. 좌대 위에 묵묵히 앉아있는 수석으로부터 일어나는 화자의 움직임이란 한 심성수련과정의 상호교류하는 장場처럼 내면의 두 정서가 겹쳐와 작품 안에 투영된다. "일렁이다", "밟다", "여울지다"와 같은 동사들처럼 말이다. 한데, 그게 "맨몸, 울음의 씨, 물무늬"의 명사로 앞의 동사들이 인과적으로 기능하도록 도와준다. 즉 [맨몸-일렁이다], [울음의 씨-밟다], [물무늬-여울지다]로 이어지는 단계가 그렇다.

다음으로 둘째 수에 "오다, "보다, 넘지 못하다"의 동사에 걸리는 명사는 "고요 속의 꽃, 돌의 뼈, 생각의 안과 밖" 등 명사구로 전언되는 게 스스로 동사와 결합한다. 즉 [고요 속의 꽃-오

다], [돌의 뼈-보다], [생각의 안과 밖-한 치를 넘지 못하다] 등으로부터 이미지 발전경로를 확인해 볼 수 있다. 이 시조의 제목이자 수석의 자세를 드러낸 "오롯하다"는 말에서 풍기듯 하나의 자존감 또는 우월감으로 존재하는 수석상壽石像을 활유한다. 그 뉘앙스가 어렵게 탐석·채석해온 귀석貴石일시 분명함도 알게 한다. 이를 통하여 오롯한 수석 앞에 겸허히 선 한 시인 상像을 볼 수 있다. 그리고 첫째 수 [물무늬→여울지다]와 둘째 수 [생각의 안과 밖→한 치를 넘지 못하다]에 드러난 바대로 화자의 한계는 그 겸허함에 의해 가려진다.

4. '창밖-창안' 그 보이는 자와의 묵시적 교신交信

김민정 시인에게 붙은 닉네임 그 '열정시인'답게 그는 매체를 망라하여 작품을 발표한다. 특히 ≪나래시조≫ 지면에는 단골로 작품을 소개해 왔다. 이렇듯 그의 시조들은 목하 다양하게 현시顯示 중이다. 수석시조壽石,水石時調와 같은 전문가적 일가견도 있어 어쩜 기획평설로 엮었을 법은 했지만 지금까지 편집되지 않고 있다. 하면, 다음 작품은 수석 소재의 기 발표작과 조금은 색다르다고 여겨 하나의 '자동기술'류의 묘사라는 시각으로 보려한다.

화자는 "창과 창 사이"로 비쳐 보이는 한 여자의 표정을 따라간다. 그건 시선산책視線散策의 유유함이겠다. 그러다 마주친 눈길이 "무색해"하듯 "속내를 들키"기도 하고, "더러" 얼굴이 "붉어지"기도 한다. 그런 나머지 그만 서로 잠잠해져버린다. 화자

(관찰자)는 "미세하게 흔들"리는 여자의 표정을 따라가는데, 예의 '자동기술'로 그의 심리 상태를 전언한다. 그는 두 여자를 보며 '자기의식'과 '상대의식'의 '여자'를 나란히 비교한다. 바라보는 창과 비쳐 보이는 창은 두 여자를 사이에 두고 서로의 의식 상황을 엿보는 심리적 경영鏡映에 빠진다. 화자가 보는 여자는 "시시각각 변하"고, "미세하게 흔들리"다가 "소리 없이 다가왔다"가는 다시금 "멀어"지는 것이다. 시조 속의 여자는 여유롭듯, 흔들리듯 아름다운 프로필을 지녔다. 하므로 화자가 자주 훔쳐볼만한 대상이리라.

머무는 것은 없다 시시각각 변한다
알면서도 사랑하고 알면서도 흔들리는
어쩌다
눈을 피해도
속내를 들켜버린

카페 유리문에 옆모습을 다 드러낸
한 여자의 긴 머리가 미세하게 흔들린다
누구를
기다리는 듯
양볼 더러 붉어지는

강물이 소리없이 다가왔다 멀어지고
빛나는 눈썹 위로 이슬히, 푸른 이마
한동안
마주보다가

        그만 서로 무색해진
                        ―「창과 창 사이」 전문

  사실 이 시조는 '의식의 흐름' 말고도, 구도 면에서 시각화, 영
상화가 돋보이기도 한다. 영상의 출발 시점은 묘사, 그리고 이
후의 진술로 발전된다. 묘사는 정지된 대상에 가하는 필력이고,
진술은 움직이는 대상에의 변환기술이다. 이를 근간으로 대상
과 장면에 대해 시인은 자의식적 묘사와 진술로 그 옷을 입힌
다. 시인은 시문詩文의 자동기술을 통해 독자의 추이 또는 전이
가轉移價를 높이기도 한다. 이 작품은 여자의 흔들림에 대해 진
술하지만, 사실은 정지된 실루엣을 배면에다 깔았다. 화자는,
창 사이로 보게 되는 여자를 "알면서도 사랑하는" 관계라는 걸
점묘點描해 보인다. 그 흔들림이란 곧 떨리는 사랑의 감정일 수
도 있을 터이다. 그게, "카페 유리문"을 통해 "옆모습"을 보이는
여자, 그 "긴 머리채가 미세하게" 흩날리는 여자, "빛나는 눈썹
위로 아슬히 푸른 이마"를 가진 여자라는 최고 미적 대상으로
묘사되기 때문에 독자는 마치 한 폭 그림을 보듯 뚜렷하게 느낄
수 있다. 하나의 모델에 대한 데생처럼 그리는 대목엔 생동하는
점사법漸寫法도 보인다. 창문에 비쳐 등장한 여자에 대한 관찰
자적 방점은 셋째 수에 가 있다. 즉 "미세하게 흔들리는" 그녀에
게서 눈을 떼지 못하는 것이다. "빛나는 눈썹"처럼 발하는 시의
눈은, "아슬히 푸른 이마"를 보는 즐거운 '기미機微'를 보임으로
서 독자에게 일으키는 시각미의 준동 또한 크다. 하여, 이 작품
은 이지적 품격과 관조적 심리를 동시에 인식하도록 한다. 창을

통하여 본, 그리고 그 창에 비친 여자의 옆모습은, 종장에다 그 이미지 층을 누적시킴으로서 상像은 더욱 분명해진다. 시의 자동기술적 호흡을 규칙적으로 유도하는 대목 즉, (1)어쩌다 눈을 피해도 속내를 들켜버린 모습, (2)누구를 기다리는 듯 양볼 더 붉어지는 모습, (3)한 동안 마주 보다가 그만 서로 무색해진 모습 등은 각각 차례화 된, 그래서 화자와 여자가 암묵적으로 교환하는 눈짓, 그게 호응관계로 점층되는 것이다. 이 시조는 그런 자동기술의 수순에서도 다소 논리성을 견지한다.

로젠블레트Louise Rosenblatt는 읽기를 '거래이론transactional theory'을 바탕으로 한 '반응중심이론reponse-based theory'을 수용론에서 빌려와 설명한 바 있다. 그의 '거래이론'이란 독자의 호소력과[3] 영향력에 상호 길항拮抗하며 가독성可讀性을 높여주는 한 방법이다. 그래, 시의 효용도를 살리는 일종의 교육채널이라고 할 수 있겠다. 이 '반응중심'[4]의 수용체제는 [독자↔작품] 간의 상관도에 대해 맥락적 관점에서 보는 '경영기제'經營機制이기도 하다. 이른바 '신비평주의'의 '수용이론'과 맥을 같이하기도 하지만, '문학판의 최종 인식틀'이란 점에서 벌써 설득력을 얻은 바도 있다. 따라서 이 작품은 "창과 창 사이"에 낀 두 여자의 의

---

3) 경규진, 「문학교육을 위한 반응중심 접근법의 가정 및 원리」, 《국어교육》 제87·88호, 한국국어교육연구회, 1995.6. pp.4~5 참조.
4) 로젠블레트가 말한 '반응'이란 대상(object)이 무엇에 대한 작용을 의미한다. 여기에는 우선 반응할 작품이 필요하다. 기존 텍스트에서 정한 방향에 대한 반응이 아니라, 독자가 텍스트와의 거래상에서 불러일으킨 '환기에 반응한다'는 점을 강조한다. 즉 '텍스트에서 구조화된 경험'으로서의 '환기'와 '반응', 나아가 '환기' 자체에 대하여 '반응'하는 것을 말한다.

식에 대한 심리적 경영鏡映에 터한 자동기술법으로 화자와 여자의 심리적, 암묵적 교신이 전반에 흐른다.

5. 서정시조가 꿈꿀 시인의 정서적 도안

고대 그리스의 최초 서정시인 아르킬로코스(Archilochus, BC 680~645년경)와 사포(Psappho, BC610~580년경) 이후 서정시를 정의하거나 창작하는 '시학'은 수없이 많았다. 미국의 비평가이자 시인인 에드먼드 윌슨(Edmund Wilson,1895~1972)은 일찍이 서정시를 "한 순간의 감정을 노출시키기 위해 꾸려낸 하나의 도안"이라고 말한 바 있다. 그는 "서정시는 운율상 음량과 서로 균형을 이루며 형성된 정서"라고 정의했다. 그는 때로 사람의 격한 마음을 "누그러뜨리는 힘"도 작용하여, 생에 "어떤 일이 고통스럽고 억제할 수 없는 일일지라도 일단 그걸 취하게 되면 정돈된 균제미로 향하는 것"[5]이라고 역설했다. 서정시는 사람들의 정서를 감싸주며 안정감을 갖도록 하는 치유기능이 있는 장르이기도 하다. 이제, 이런 서정시의 관점에서 다음 몇 편을 살펴보겠다.

겨우내 웅크리고
참고 또 기다렸어

흙덩이가 바실바실

---

5) 에드먼드 윌슨, 「역사비평」, ≪현대시학≫, 1973년 3월호, p.108참조.

몸 틀기를 기다렸어

정수리
힘을 꽉, 주고
오늘을 기다렸어

한 며칠 뜬 눈으로
잠까지 설쳐가며

드디어 떡잎 두 장
쏘옥, 밀어냈지

세상에
명함 내밀고
방긋, 웃는 패랭이

─「탈출」 전문

 '탈출'이란 기존 질서나 외피로부터 세계와 껍질을 부수고 뛰쳐나오는 일이다. 시조의 주인공 "패랭이"는 기다림 뒤에 얻는 바, 강한 생명력의 층계를 쌓아가고 있다. 그런 기초체력으로 "떡잎 두 장"에 온 힘을 쏟아 "쏘옥 밀어내"듯 "탈출"을 구동시킨다. 이런 탈출을 감행하기까지 패랭이가 기다린 것은 "겨우내" 얼었던 "흙덩이" 속에서 바야흐로 "바실바실 몸 틀기를" 시작하는 그 봄이다. 그걸 종내 "기다렸"던 대로 누릴 만한 "패랭이"의 보람이리라. 그 뿌듯함을 기대하며 때 맞춰 "정수리"에 "힘을 꽉

주고" 그가 탈출(탄생)을 성공시킨다. 즉 출산과 성취를 한 번에 이루어내는 것이다. 여기에 '탄생'과 '성취'는 같은 도반道伴이지만 사실은 각기 다른 이데올로기를 향하기도 한다. 전자는 존재론적이고 후자는 가치론적인 게 그러하다. 이에 걸맞게 작품의 구성 또한 첫째 수와 둘째 수 양 천칭에 실린 중심과 같은 안정감을 유지하도록 한다. 즉 (1)탈출할 날을 기다리는 패랭이꽃(존재론적), 그리고 (2)"세상"을 향해 "명함 내밀고" 웃는 패랭이꽃(가치론적)으로 차례화하는 단계를 밟는다. 세상을 향한 여러 생명체가 유지되는 건 그냥 쉽게 이루어지는 게 아니다. 작품은 '존재성'과 '가치성'을 병치시킴으로서 균형적인 생명체를 유지하고 있다. 또한 그런 시적 메타를 주어 생태적 보편주의를 실천한 작품이라 할 수 있다.

다음 작품은 바쁜 도시의 복잡한 아침 생활이지만, 반대로 그것을 밀쳐두고 잔잔한 톤으로 이야기하는 한가함을 보인다.

비바람 눈보라에 수백 년 할퀸 자국
인수봉 어깨쯤에, 새 한 마리 앉아 있다
바위도 늙어 가냐고
부리 쪼며 말을 건다

어둠을 걷어내며 부챗살을 펴고 있는
장엄한 아침빛이 서울을 품어줄 때
자잘한 세상일들이
그 품에서 다 녹는다

―「서울 아침」 전문

사람의 최고가치 인정에는 그가 지닌 서정시다운 습윤濕潤과 정서의 도포塗布도 함께 일어나기 마련이다. 김민정 시인의 특성, 그러니까 온유함으로 빚어낸 이 작품은 "인수봉"의 "새"와 "부챗살"의 정담이 "아침빛"의 서정적 동인으로 작용하여 빚어진다. "바위"에게 "말을 거"는 [소통]과 "세상일"을 "품안에 다 녹"이는 그 [포용]의 의인법을 구사한다. 하여, 환경론자들이 비판 일색으로 말한 건조한 이 도시를 정작 서울시민인 그는 촉촉한 습윤의 도시로 도포하는 것이다. 사실 "서울 아침"이란 러시아워로 '전쟁'을 방불케 하는 기계적 일상에 더 익숙해 있다. 함에도 시인은 서정의 습윤과 도포라는 서정시적 기운을 불어넣어 인정의 도시로 바꾼다. 이런 전환의 구동력은 이 작품 외에도, 「탑, 앙코르와트」("정성껏 다섯 손가락 펼쳐드는 나를 본다"), 「장군, 길을 나서다」("어둠의 장막 걷어 수평선에 걸쳐 놓고"), 「해남 고구마」("정겨운 그 사람 손길이 알알이 안겨든다"), 「고지를 꿈꾸다」("의식이 빠져나간 몸을 문득 돌아본다") 등이 있다.

누구의 입김으로 창밖이 흐려지나
그 누구 발자국이 가슴을 찍고 있나
나 몰래 다녀가시는 까무룩한 새 그림자

예고도 없이 벌컥, 문을 열고 들어서는
낯선 별조각이 이마에 부딪힐 때
혼곤한 어둠을 접듯 늦저녁의 새 울음

가지 끝 동박새가 목을 자꾸 갸웃댄다
고즈넉이 젖은 뜰에 홀로 환한 저 매화꽃
목청을 가라앉히며 제 부리를 묻는 새

― 「손님」 전문

작품에서 "손님"이란 "새"로 표상된다. 새는 첫째 수에서 "나 몰래 다녀가시는 까무룩한 새 그림자"로 그려진다. 둘째 수에서는 "예고도 없이 벌컥 문을 열고 들어서는 한 손님" 즉 "새 울음" 신호가 등장한다. 그리고 셋째 수에서는 "홀로 환한 매화꽃"에 "목청을 가라앉히며 제 부리를 묻는 새"로 앞의 새가 재 치환된다.

하여, 이 시조는 각 이미지를 연결고리 삼아 각 수별로 이어지는데, (1)"까무룩한 새 그림자", (2)"늦저녁 새 울음", (3)"제 부리 묻는 새" 등이 그것이다. 소재 역시 차례로 바뀌는 바, [새 그림자→새 울음→새 부리]로 이어지는 이동이 그것이다. "손님"으로서의 "새"가 '그림자, 울음, 부리'로부터 실증되는 과정이 그것이다. 이와 연계된 새의 존재는 '까무룩한, 늦저녁의, 묻는' 등의 수식어에 힘을 받아 더 명징한 묘사로 이어가 덤에 이른다.

6. 사물에서 메타시조로 향한 자아 성찰

다음 「깨를 볶다가」는 두 수로 제안되었지만, 실은 "깨"의 존재와 관련 양상을 더 드러내기 위하여 각 세 장면으로 분할해 보인다. 그게 주부로서 "깨를 볶다가" 시에 접근한 생각을 표출하는 과정이 자연적으로 이루어진 경우이다. 그걸 (1)깨의 원래 자연적 모양, (2)볶은 깨의 모양과 향, (3)시인의 시혼 희망 등을 병치시키는 구조로 읽을 수 있기 때문이다. 시에서 "깨"는 "물기가 촉촉이 밴 몸"이다. 그게 초·중·종장으로 이어져 (1)(2)(3)의 구조와 유사한 항 즉 (1′)(2′)(3′)으로 발전한다.

이를 부연하면, (1′)깨는 "홀쭉하고 납작하다"〈깨의 모양 : 존재 양상〉. 하지만 사람들에게 "깨"란 대체로 볶는다는 걸 전제로 이름 붙여진다. 그래 "달궈서 뜨거워진 큰 냄비에 쏟아놓"으면, 깨는 (2′)"살이 올라 고소"해진다 〈깨의 가치 : 존재 효용〉. 결국 시인의 "시혼도 저리 볶으면" 시의 맛이 "고소함"은 물론 깨처럼 (3′)"통통하게 살"이 "오를까"〈시인의 시혼 : 성취 기대〉 하고 조심스럽게 시인으로서 지향을 보인다. 주부의 모습으로 "깨를 볶다가" 시인의 희망으로 되돌아오는 그 "깨"와 "시혼"을 천연스럽게 연결한다. 더 나아가 '볶은 깨'와 '볶은 시혼'의 효용성을 한 자리에 놓는다. 이는 '주부'와 '시인'을 겸하는 그의 일상에서 극히 자연스러운 일이다.

고향에서 부쳐온
참깨 한 봉지를

돌과 뉘를 고른 후에
물을 부어 씻어본다

물기가

촉촉이 밴 몸
홀쭉하고 납작하다

달궈서 뜨거워진
큰 냄비에 쏟아놓자

토도록, 살이 올라
고소함이 가득하다

시혼詩魂도
저리 볶으면,
통통하게 살 오를까

―「깨를 볶다가」 전문

　이제, 작품을 좀더 '메타시조' 쪽으로 살피는 앵글을 이동해 보자. "고향에서 부쳐온 참깨 한 봉지"는 원재료, 그러니까 원고에 쓸 (1″)[원소재]이다. 이에 대해 "달궈서 뜨거워진 큰 냄비"에 담긴 볶은 깨는 시인에 의해 가공된 (2″)[창작품]이다. 그리고 "통통하게 살이 올라 고소함"이 풍기는 효과는 장차 예견되는 (3″)[독자반응]일 법하다. 이러한 메타시조법의 구성엔 아마도 '김민정표'라는 라벨을 붙여도 좋을 듯하다. 이게 요리, 세탁, 청소 등 여성으로서의 일상을 견디면서도 시심과 시혼의 지구력을 잃지 않는 시인의 진구(振救)한 모습이며 이를 작품화한 연유일 듯하다.
　이제, 메타시조법의 본격태에 해당하는 다음 작품을 깊이 살펴보려고 한다.

때로는 잔잔하게 가끔은 급물살로
이완과 긴장 사이 수도 없이 오고가다
마침내 종착점 닿는 우리들의 사랑 같은

네 마음과 내 마음을 한 조각씩 포갰을 때
한 치의 오차 없이 그려지는 그 순간이
빛나는 합일合一이리라, 불가분不可分의 힘이리

절반의 생각 속에 그 절반의 행위 속에
웃음에 스며드는 눈물이 일렁일 때
발꿈치 다시 들고서 한 걸음씩 내딛는다
　　　　　　　　　　　　　―「미완(未完)의 시」 전문

　앞서「깨를 볶다가」가 깨 볶기를 통하여 '메타시'를 응용강應用講했다면, 「미완의 시」는 '메타시'를 직강直講하는 정도쯤이겠다. 대저 문장표현의 기본이란 서두에 언급한대로 '서사', '묘사'로 구성되고 시조는 거기에 '음보'를 더한다. 「미완의 시」란 아직 완성되지 않은 시이다. 왜냐하면 시인에 의해 추가 가동성이 발휘될 하나의 과정물過程物인 이유에서이다. 이 구성적 문장의 예고대로 이 시조는, '서사'(초장)와 '묘사'(중장), 그리고 '음보'(종장)와 관련 구성을 한다. 즉 초장에서 (1)"때로는 잔잔하게 가끔은 급물살로", (2)"네 마음과 내 마음을 한 조각씩 포갰을 때", (3)"절반의 생각 속에 그 절반의 행위"는 '서사'와 관련되는 문장들이다. 중장에서 (1′)"이완과 긴장 사이 수도 없이 오고가다", (2′)"한 치 오차 없이 그려지는 그 순간이", (3′)"웃음에 스며드는 눈물이 일렁일 때"는 '묘사'와 관련되는 문장이다. 그리고 종장에서 (1″)"마침내 종착점 닿는 우리들의 사랑 같은", (2″)"빛나는 합일이리라, 불가분의 힘이리", (3″)"발꿈치 다시 들고서 한 걸음씩 내딛는다"에서 보듯이 '음보'와 관련되는 시조문장이자 그 호흡법이다. 「미완의 시」가 거의 완벽한 메타시적 구성을 하는 건, 시 쓰기에 시인 스스로가 늘 "미완"이라는 겸손함을 달고 있는 까닭이다.

7. 나오는 말

시조가 작품으로서 존립 또는 성립하는 조건이란 우선 '재미'와 '구조'에 있다고 볼 수 있다. '재미'는 스토리텔링하는 [방법], 그리고 '구조'는 초·중·종장 각 역할에 버틸 힘의 [기능], 그게 건강해야 한다. 그래 좋은 시조는 [재미→방법] & [구조→기능]의 조건으로 무한 수렴을 하는 것이다.

이상에서, 김민정 시인의 작품에 스토리텔링의 [구조-분석]틀을 설정하고 그가 성취한 바를 피력했다. 그는 현재 다양한 시조문학 단체에서 활동영역을 확장하는 중으로 작품 활동 또한 왕성하다.

대체로 시는 화자의 지향 태도에 따라 묘사(장면)와 서술(일)면에서 구분된다. 이 글에서도 시인의 시적 대상이 '장면'과 '일'에 대한 시인과 화자의 창작심리에 비중을 두고 살폈다. 그는 겸허·온유한 시조를 쓰기 위해, '장면'과 '일'을 섞어 쓰는 경향을 보인다. 그만큼 습작과 발표 연혁 또한 많다.

그의 작품 경향을 분석한 바, (1)보이는(또는 보여지는) 타자와 자아의 묵시적 교신을 하는 심리기제, 그리고 (2)시의 호소력을 다시 겨냥하는 생태성 지향, (3)대상과 사물 인식에 대한 자아성찰 등이 돋보였다. 시조쓰기 문체에 '동화론'과 '화리론' 중 주로 동화론에 더 가까운 창작 습관이란 점도 이 마무리에 밝힐 차례가 되었다. 그의 시법詩法에서 자연스러운 흐름, 거기에다 겸허·겸애의 자아와 생태성을 결합한 시학은 우리에게 정서적 안정감을 나누어준다.

앞으로 동화론, 또는 화리론을 겨냥한 시조 속의 퍼소나에게 재미있는 스토리텔링을 기대하며 개발하기를 바란다. 끝으로 이 시조집 상재와 더불어 한국문단 중심에서 늘 건필하시기를 기원한다.

김민정

1985년 《시조문학》 창간 25주년 지상백일장 장원등단. 시조집 『나, 여기에 눈을 뜨네』, 『지상의 꿈』, 『사랑하고 싶던 날』, 『영동선의 긴 봄날』, 『백악기 붉은 기침』, 『바다열차』, 『모래 울음을 찾아』, 『누가, 앉아 있다』, 『창과 창 사이』, 『함께 가는 길』, 영문번역시조 엮음집 『해돋이』(303人 현대시조선집), 수필집 『사람이 그리운 날엔 기차를 타라』, 평설집 『모든 순간은 꽃이다』, 『시의 향기』, 논문집 『현대시조의 고향성』, 『사설시조 만횡청류의 수용과 변모 양상』. 나래시조문학상, 시조시학상, 선사문학상, 김기림문학상, 한국문협작가상 외 수상. 현재 한국문인협회 시조분과 회장, 국제펜한국본부 언어보존위원, 한국시조시인협회 이사, 강동문인협회 부회장, 한국여성시조문학회 고문, 나래시조시인협회 고문.

고요아침 운문정신 026

창과 창 사이

초판 1쇄 인쇄일 · 2020년 04월 28일
초판 1쇄 발행일 · 2020년 05월 06일

지은이 | 김민정
펴낸이 | 노정자
펴낸곳 | 도서출판 고요아침
편　집 | 정숙희 김남규

출판 등록 2002년 8월 1일 제 1-3094호
03678 서울시 서대문구 증가로 29길 12-27 102호
전화 | 302-3194~5
팩스 | 302-3198
E-mail | goyoachim@hanmail.net
홈페이지 | www.goyoachim.net

ISBN 979-11-90487-23-8(04810)

*책 가격은 뒤표지에 표시되어 있습니다.
*지은이와 협의에 의해 인지는 생략합니다.
*잘못된 책은 교환해 드립니다.

ⓒ 김민정, 2020